Marijo

LES POLICIERS

Magic mic mac

Dominique Zay

Illustrations de couverture
et d'intérieur :
Michel Riu

MAGNARD JEUNESSE

Au là là

« Et si vous n'étiez pas clown ?

– Mais monsieur, si je n'étais pas clown, je ne serais pas. »

Pierre Etaix

1

Le jour, la nuit, je ne sais plus... Le ciel est tellement bas qu'il me gratte presque le sommet du crâne. Depuis le temps qu'il s'assombrit, qu'il râle, tonne et s'éclate, il fallait bien qu'il pleure toute sa rage. Et voilà ! ça tombe des cordes qui vous tressent un rideau de pluie épais comme les clafoutis de mon père.

Et moi, je cours sur la chaussée humide, poisseuse, terriblement glissante. L'impression fatigante de prendre un tapis roulant à contre-courant, accompagne chacune de mes laborieuses foulées. Mes pauvres jambes deviennent molles et sans force. La voiture de pompiers rouge vif me rattrape sans forcer les mécaniques. La machine puissante et rutilante a suffisamment nargué sa proie.

La voiture dérape dans un bruit de tôles froissées et s'arrête net, l'immense pare-chocs arrière à dix centimètres d'une palissade délabrée. Le moteur est coupé. Les veilleuses encore allumées envoient des éclairs sur le rouge de la carrosserie.

Un tueur descend et, calmement, presque au ralenti, referme la portière qui claque avec un écho assourdissant.

J'aperçois la lueur noire qui brille dans le regard de l'homme et je recule vers les entrepôts d'un port, un port désert, sans bateaux ni mer, juste de la boue grise qui bouillonne en giflant les parois grêleuses des quais.

Sortant de la brume, une deuxième gueule de tueur apparaît. C'est exactement la même, comme si on avait parfaitement cloné la première...

Et puis là, surgissant de derrière une montagne de barils, une troisième tête, identique !

Ceinturé par surprise, le son grave d'une sirène d'un chalutier invisible étouffe mon cri. Un des trois

chasseurs s'avance vers moi et penche sa tête à la peau écaillée... Soudain, dans un bruissement d'ailes et de cris stridents, une drôle de mouette, avec des pois noirs sur tout le corps, passe entre l'espace de nos deux visages et fonce droit en haut pour se perdre dans le ciel tourmenté. L'autre vilain, en face, arrondit ses yeux et éclate de rire, un rire qui s'amplifie démesurément. Je perds connaissance.

Les phares de la voiture de pompiers trouent l'obscurité. Je refais surface, les poignets attachés à un mur. Mon corps n'est plus qu'un tas de coton. La lumière blanche qui m'éclabousse m'empêche de distinguer le conducteur. C'est à peine si j'entends la mise en marche du moteur.

Je reviens progressivement à moi et je réalise que la voiture de pompiers me fonce dessus. Je tire pour me détacher ; la corde me brûle la peau. Les phares deviennent de plus en plus aveuglants, le vrombissement du moteur de plus en plus fou.

Le son déchirant du klaxon couronne l'instant panique...

Je me dresse sur mon lit en hurlant. Inondé de sueur, traumatisé par le cauchemar, je reconnais l'univers familier de ma chambre qui baigne dans la pénombre calme du matin.

Je me frotte les yeux et tourne la tête. Ma lampe de chevet en forme de voiture de pompiers me regarde la fixer sans comprendre. Figée dans son vol au milieu du plafond, la mouette à pois noirs qui pendouille ne comprend pas non plus. Moi, je sais, je me comprends.

Depuis plusieurs jours, il y a trois types à l'allure pas commode qui rôdent dans le quartier. La première fois, je n'ai pas fait plus attention que ça, juste un frisson désagréable. Et puis, les autres fois, ils s'étaient rapprochés de la maison, j'avais même l'impression qu'ils regardaient vers chez nous avec une vigilance malveillante. Mais ces trois silhouettes inquiétantes gardaient la distance et disparaissaient aussi subitement qu'elles apparaissaient, comme des ectoplasmes dans un film de fantômes.

À peine avais-je le temps de paniquer qu'il n'y avait plus personne dans les parages, une torture pour les nerfs. Je n'osais pas en parler à mes parents, après tout, ils ne m'avaient rien fait de mal, ils avaient juste le tort d'avoir des têtes taillées à coups de rasoir, mais ça, c'est pas un crime. J'en ai tout de même causé à Cécile, ma copine.

« Ah ! c'est marrant, trouva-t-elle à me dire, t'as remarqué Frédéric que, dans les histoires un peu bizarres, les héros sont souvent trois... Ça doit être un chiffre magique le « trois », comme le « sept » d'ailleurs, les chiffres impairs en général ont plus la cote dans les histoires... »

Et voilà, en toute confiance, je lui confie mes peurs sensibles et elle, elle s'intéresse plus aux mathématiques, c'est dingue ! Je ne sais pas si on peut compter sur les amis, mais ce qui est sûr, c'est qu'eux savent compter, oui.

Aujourd'hui samedi, j'ai un milliard de choses importantes à faire et pourtant, mon rêve joue les prolongations. Je passe ma journée à me retourner, partout. Ça m'obsède, j'en suis même à espérer leur retour... Mais non, j'ai beau me tordre le cou et forcer sur mes rétines, je ne vois pas les trois hurluberlus dans la rue, volatilisé le trio pas beau. À se demander si je ne les ai pas tout simplement inventés...

2

SAMEDI soir enfin, Pigalle prépare sa nuit... Les néons clignotent, les bars s'illuminent, les odeurs de saucisses-frites taquinent les narines, la rue s'électrise. Sur la chaussée, ça bouchonne et ça klaxonne ; les cars de touristes encombrent déjà la circulation et, sur les trottoirs, ça grouille et ça fourmille, des gens qui marchent, qui démarchent. On en voit de toutes les tailles, de toutes les couleurs, un vrai festival. Le quartier est bruyant, vivant et, même s'il en fait toujours un peu trop, c'est mon quartier et il me plaît.

Nous abandonnons le boulevard pour grimper vers la butte Montmartre. L'entrée des artistes du *Chat perché* donne dans l'impasse des Deux ânes. Mon père travaille dans ce cabaret depuis toujours. Il est magicien ou illusionniste, comme on veut. Ce soir, j'accompagne l'artiste avec fierté.

Je les repère de loin, juste à l'entrée de l'impasse. Mes trois lascars sont là et bien vivants, habillés comme des caricatures avec des têtes aussi sympathiques que des piranhas à la diète.

Papa aussi les remarque. Il me sent crispé et resserre l'emprise de sa main dans la mienne en accélérant vers le groupe plus haut. Le trio infernal s'étale pour bloquer l'issue de l'impasse. Pour la première fois, je peux les voir de près.

Mon père s'arrête à la barbe de celui du milieu, un grand maigre avec de gros yeux de poisson. Les deux autres, un moustachu et un chauve, affichent des sourires gras en forme d'outrages. Mon père respire un grand coup et les toise un par un sans ciller.

« Pardon, messieurs... »

Ils échangent des regards amusés avant de s'écarter avec mollesse. Papa me tire fermement par la main et nous les dépassons. Le plus petit des trois laisse échapper un rire très aigu, couinement stupide et nerveux. Je me retourne juste une fois pour voir leurs trois silhouettes inquiétantes se rejoindre à l'angle du mur en pierre.

L'entrée secrète du cabaret se matérialise par une grande porte métallique peinte en rouge. Mon père stoppe net devant et vient se placer en face de moi. Ma poitrine joue encore la rumba. Il me décroche un clin d'œil.

« Tu sais Frédéric, moi aussi je n'étais pas rassuré. Il ne faut pas avoir peur d'avoir peur, seulement voilà : si tu leur montres que t'as la trouille, c'est comme si tu leurs offrais à boire à ces fripouilles... Tu comprends, toi ? »

Je comprends, moi. Papa me sourit et pousse la porte rouge. L'ambiance chaleureuse des coulisses du cabaret nous aspire tous les deux.

Nous avançons dans le couloir des coulisses comme sur un tapis roulant. Mimie, une strip-teaseuse bègue, débouche habillée juste par un string à franges argentées et des étoiles au bout des seins.

« Bon jou jou jour mmmmon la la peu peu... pin », me susurre-t-elle en penchant sa jolie poitrine vers moi.

Mimie redresse son buste rebondi et, dans une pirouette, tourne sur elle-même pour que mon père apprécie son costume.

« Super ! clame-t-il,... t'es pas un peu serrée là-dedans ? »

Mais déjà, Maxime le régisseur, un grand noir moulé dans un smoking mou, surgit de nulle part pour lui sauter dessus. Mon père, en parfait professionnel, précède le sermon.

« Oui, je sais : je suis un peu en retard, faut que j'me grouille sinon tu seras obligé de décaler tout le programme, c'est ça ? »

Maxime paraît d'un coup très attristé ; ses traits tombent un à un. Il me passe sa grande main dans les cheveux avec lassitude comme pour me prendre à témoin d'une grande blessure morale.

« Mais non... non, je voulais juste te demander comment ça allait. »

Mon père, très étonné, marque un temps d'arrêt.

« Euh... bien, bien merci, et toi ? »

Maxime change de ton et d'expression.

« À vrai dire... ça pourrait aller mieux, car t'es en retard et si tu ne te grouilles pas, je vais être obligé de décaler tout le programme ! »

Papa balaie l'air avec une main et m'attire dans sa loge pour se réfugier. Il referme la porte derrière nous.

Ma mère est peintre ou illustratrice, comme elle veut. Mais pour l'heure, elle est à l'hôpital des Quinze Grâces, sur le point d'accoucher.

Même dans ces moments d'intimité avec mon père, ces instants de bonheur simple où la vie coule comme une évidence, ma maman me manque, son rire cristallin, son odeur...

Mon papa finit de se maquiller devant une glace entourée de petites ampoules.

Il partage la loge exiguë avec Tango, un ami spécialisé dans les numéros animaliers. Les cheveux noirs corbeau gominés et toujours plaqués en arrière, un nez d'aigle souligné par une fine moustache parfaitement lissée, Tango n'a pas volé son surnom.

« Comment tu peux être sûr à cent pour cent que c'est une fille ? » demande-t-il tout en remettant une colombe dans une cage peinte en or.

Mon père fait rouler ses yeux comme des billes.

« Hé, je le sais parce qu'elle est déjà la vedette d'un petit film vidéo tourné à l'hôpital, les docteurs ont placé une caméra miniature dans le ventre de ma douce et voilà : magique ! »

Tango me pointe du menton.

« Alors t'as déjà vu ta petite sœur, Frédéric ?

– Ben oui, même qu'elle a le même nez que papa. »

Tango sourit d'un seul côté, le mien.

« La pôv' fille, c'est vraiment pas d'chance. »

Papa méprise l'allusion et se dresse sur sa chaise à roulettes, l'air digne.

Soudain, Tango s'agite nerveusement. Devant lui,

une ribambelle de bestioles en tous genres traîne sur la table.

« Merde merde merde ! Je ne le retrouve plus. »

Je lui montre un des lapins blancs avec un œil tout noir.

« C'est pas lui ? »

Agacé, Tango pète avec la bouche.

« Pfff... c'est son père.

– Bien conservé ! remarque le mien. »

Après une dernière inspection dans le miroir avec les inévitables contorsions de la tête, il va décrocher sa veste noire à paillettes sur la tringle derrière.

Pour voir travailler mon père, j'aime bien rester au vestiaire avec Olga. Avec ses coiffures extravagantes, Olga la rousse est la reine des potins à Montmartre. Elle connaît tous les petits malheurs et les petits bonheurs qui animent le quartier. Olga me les raconte en essayant plus ou moins discrètement les vêtements qu'on lui confie.

Et puis ici, au fond, c'est le poste idéal d'observation. J'ai toute la salle dans ma ligne de mire : à droite, le bar tenu par Boris, l'ancien catcheur aux bras d'acier... Au milieu, les spectateurs assis et Maxime qui déambule d'une table à l'autre en offrant son beau sourire tout blanc... À gauche au piano, Jérémy assure l'ambiance musicale. Quand il joue, une cigarette fume toujours dans le cendrier posé sur le côté du clavier.

Et enfin, droit devant, la scène bien sûr, cette planète étrange habitée à cette heure par mon père. L'éclairage l'enveloppe d'une couleur bleue et une pluie de foulards fluos tombe en tournoyant autour de lui. Hypnotisés par la magie, les spectateurs retiennent leurs respirations...

L'artiste magicien arrive maintenant à la fin de son numéro. Ralentir les mouvements, tamiser encore plus les lumières. Sur la scène, à présent plongée presque entièrement dans le noir, on ne voit plus que deux gants blancs brillants danser dans l'espace comme deux papillons fous. Le reste du corps devenu invisible, mon père impose son talent avec douceur et enchantement.

J'ai beau connaître ce final sur le bout des émotions, un frisson électrise mon dos.

Avec moi, papa ne s'attarde pas trop après son numéro. Un verre avec Boris, une histoire drôle racontée à Olga, un pari stupide pris avec Maxime et nous sortons du *Chat perché*.

Nous nous laissons dériver vers le boulevard. Seul Tango, qui lui aussi a terminé, nous accompagne jusqu'à la place Clichy. Je repense à notre rencontre avant le cabaret et ne peux m'empêcher de scruter tous les coins de rues de peur d'y revoir les trois mauvaises dégaines. Mon père semble avoir oublié l'incident.

Profitant de la rue déserte, Tango s'arrête pour brusquement nous prendre à témoin.

« Je suis sûr que ça peut faire un malheur... Regardez ! »

Tango sort un petit serpent de sa poche qu'il pose sur le trottoir. Peu rassuré, nous nous approchons au-dessus de la bestiole.

« DEUX ! » crie Tango.

Aussitôt, le serpent prend la forme du chiffre annoncé. Nous sommes stupéfaits. Encouragé par l'effet produit, Tango récidive.

« HUIT ! » dit-il encore.

Et le serpent fait un huit parfait, méritant une fois

de plus nos regards admiratifs et la fierté du dresseur. Je demande tout excité :

« Je peux essayer, moi ? »

Tango se gratte la barbe qu'il n'a pas.

« Oui, euh... enfin, il est habitué à ma voix, hein... Je sais pas. »

Je me penche encore plus et me concentre... Et je lance d'un coup sec :

« ONZE ! »

Aucune réaction sur le sol, pas même la moindre ondulation perceptible de la tête à la queue du reptile boudeur.

« Ah ben non, râle Tango, il faut un chiffre de un à neuf, sinon il faut deux serpents... Ah ben oui. »

Irrité, il empoche son animal d'un geste brusque.

Le passage des Trois Ours part au milieu de la rue des Mille Dames au début des Batignolles. Le passage dessine un coude ou un boomerang ; la forme exacte importe peu, le plus marquant reste cette sensation d'ailleurs.

On le prend et un réflexe immédiat s'impose : se

retourner aussitôt pour voir si le reste du monde existe toujours. Même en fermant les yeux très fort pendant dix secondes, on n'efface pas autour, la ville grandie trop vite. En revanche, l'empreinte du temps semble avoir gracié notre passage.

Papa et moi avançons sur le pavé, encadrés par les façades endormies. Nous habitons dans un pavillon tout au bout, bien après le coude du boomerang. Un petit jardin devant, un vis-à-vis avec un vieil immeuble derrière, c'est chez nous, deux étages et une cave remplie par une vie magique.

La nuit nous tend les bras, notre fatigue nous guide en douceur jusqu'au sommeil.

3

DONC, nous attendons tous les trois une petite fille, surtout maman. La dernière ligne droite de sa grossesse s'avère difficile et elle termine sa course à l'hôpital des Quinze Grâces.

Dans sa chambre, ma mère a littéralement déménagé tout son atelier afin de continuer à travailler. Des dessins punaisés un peu partout sur les murs blancs, une table rallongée sur son lit et recouverte d'un fatras invraisemblable de papiers, de crayons, de peinture, de feutres...

Ma mère travaille actuellement sur des dessins en noir et blanc destinés à accompagner un roman policier dont elle m'a vaguement raconté l'intrigue, une histoire un peu tarabiscotée à mon goût : c'est un mec, il se retrouve à deux et à la fin, ils meurent tous les trois, encore trois... Un truc comme ça !!??

Ahh, la voix de maman :

« Bonjour les amours ! »

À chacune de mes visites, avant toute chose, je cours m'allonger auprès de ma mère et je pose ma tête contre son ventre rond. Elle me caresse tendrement les cheveux et je raconte les dernières nouvelles du dehors, à ma façon, parlant ainsi à ma mère et à ma petite sœur en même temps.

Mais aujourd'hui, la séance est écourtée car mon père doit nous entretenir d'un problème très sérieux. L'attention soutenue, le silence grave, la mère et le fils attendent sur le lit.

Mon père s'éclaircit la voix et attaque sur un ton solennel.

« Voilà les enfants : madame Gommier, la propriétaire, nous a écrit... Elle veut vendre le pavillon, cette fois-ci c'est du définitif. Évidemment, nous sommes prioritaires sur d'autres éventuels acheteurs... Seulement le hic, c'est le prix...

Il fouille dans sa poche et tend une lettre à ma mère. Elle lit le début sans aucun commentaire et je sais qu'elle vient de tomber sur le prix car un long sifflement s'échappe de ses lèvres.

« Ça fait combien ? je demande en sautant sur place.

– Ça fait cher, beaucoup trop cher pour nous », répond ma mère d'une voix blanche.

Le cabaret ne marche pas fort en ce moment, ma mère travaille au ralenti et la banque nous a toujours refusé le moindre prêt. Réunir la somme nécessaire à l'achat du pavillon semble aussi facile que de faire avaler un sabre à une couleuvre.

Dans la journée, mon père répète au cabaret. En conditions sur scène, il règle la mise en place de son tout nouveau numéro :

La malle volante des Indes

De mon côté, je dispose de mon propre local de répétition : la cave de notre pavillon. J'ai aménagé un coin scène délimité par un grand tulle noir posé sur un fil de nylon tendu entre les barreaux du soupirail et le tuyau de la chaudière. Au fil des années, mon père m'a appris ses trucs et me lègue régulièrement les accessoires dont il ne se sert plus. J'ai bâti mon répertoire avec ses anciens numéros : *La boîte à ficelles, La folie des foulards, La canne serpent* et même *Le miroir liquide.*

Dès qu'elle le peut, Cécile, ma voisine préférée, vient me rejoindre. Elle est ma conseillère, mon assistante et mon seul public.

Cécile, un sacré caractère. La malice brille dans ses yeux verts, la fierté fait retrousser le bout de son nez et son imagination pimentée défrise presque sa boule de cheveux bouclés. Notre amitié voyage du rire aux larmes dans les murmures ou les cris, mais elle est toujours fidèle au rendez-vous.

Aujourd'hui, je révise mes *classiques* devant elle. À l'heure du goûter, nous faisons toujours une pause devant deux chocolats chauds en tirant des plans sur la comète de notre avenir.

J'explique à Cécile ma vision simpliste de la chose.

« Quoi, c'est vrai, j'entends souvent mes copains dire : Quand je serai grand je serai ceci ou cela. Moi, j'ai pris un raccourci. Ce que je serai plus tard, je le suis déjà !

– Mais un magicien, ça peut rapporter beaucoup d' sous ? »

Cette question prend un poids particulier avec l'histoire de la vente du pavillon. J'évite d'éterniser sur le sujet.

« Bof, ça dépend... Et toi, qu'est-ce tu veux faire ? »

Cécile se tortille sur sa chaise.

« Moi, y a pas l'ombre d'un doute, je serais chercheuse ou inventrice, d'ailleurs ma mère n'arrête pas de me dire : *Qu'est-ce qu'elle va pas chercher, toujours en train d'inventer des histoires celle-là !*

– Et ça, tu deviens riche avec un métier pareil ?

– Tu rigoles ! T'inventes des trucs que les gens savent pas encore que ça existe et que ça leur s'ra indispensable... Ça n'a pas d' prix.

– Ah bon. »

Quelques divagations plus tard, je raccompagne Cécile. Elle habite au début du passage, dans un immeuble sans âge avec une façade ventrue barrée par des petits balcons en fer forgé. Ici, l'ombre règne et au bout, l'ouverture sur la rue des Mille Dames est un trou de lumière.

Avec gestes à l'appui, Cécile finit de m'expliquer l'invention de *l'éventail fixe* par un ingénieur mexicain très paresseux : on cale l'éventail sur le rebord d'une table et c'est la tête que l'on bouge !

C'est à ce moment-là que je les aperçois ! Je reste la bouche entrouverte par le choc. De façon mécanique, je relève la tête et regarde droit devant. Ils sont là, au bout du passage, trois ombres chinoises dans le cadre de lumière. Malgré leurs apparences fantomatiques, je reconnais sans peine les silhouettes inquiétantes de mes trois fripouilles. Cette apparition soudaine me cloue sur place. Ma gorge se dessèche, ma glotte joue au yo-yo.

La voix de Cécile me détourne.

« Tu viens avec moi à l'épicerie arabe ? Faut que j'achète du lait... »

Elle me pousse du coude.

« HO ! FRÉDÉRIC, TU M'ÉCOUTES ?

– Euh... oui. »

Quand je regarde à nouveau en face de moi : plus personne, les trois fripouilles se sont volatilisées. Pourtant je n'ai pas encore rêvé ?

Cécile tord sa bouche dans tous les sens.

« Quoi ? Y en a pour deux minutes, à tout casser les manettes.

– Non, non. Oui, oui, c'est bon, je... je pensais à aut' chose, c'est tout. »

J'avale ma salive et avance sans plus rien dire vers la fin du passage. Mon cœur tape fort.

Insouciante, Cécile a repris ses histoires. Je débouche en premier dans la rue pour y jeter immédiatement un regard aussi panoramique qu'inquisiteur. Je vais jusqu'au milieu de la chaussée pour bien voir le plus loin possible... Non, aucune trace des trois loustics, juste l'ambiance habituelle du quartier. Un taxi klaxonne derrière moi.

Cécile pose les mains sur ses hanches.

« Mais qu'est-ce tu fous Fred ?... Allez radine-toi.

– Je radine moi. »

La sonnerie du téléphone insiste. Je traverse le jardinet comme une fusée et déboule en trombe dans le hall du pavillon. Je fonce sur le téléphone posé sur le petit meuble du hall.

« Allô... »

Je reprends mon souffle en écoutant attentivement... Mais rien, silence dans les tuyaux.

« Allô, y a quelqu'un ? »

Toujours aucune réponse. À présent, j'entends nettement le souffle rauque d'une respiration... Tût, tût, tût, on a raccroché à l'autre bout. Je regarde fixement le combiné pendant un court instant avant de le reposer dans la perplexité la plus totale.

Bizarre... Dans un réflexe instinctif, je pars vérifier dehors à la fenêtre du salon : le mur d'en face ressemble au mur d'en face, le jardin n'a pas bougé d'une touffe, l'endroit est désert, hum...

La nouvelle sonnerie du téléphone me cueille encore plus fort. Je retourne vers le meuble et décroche fébrilement.

« A... allô...

– Allô Frédéric, c'est maman, ça va bien mon Frédo, dis-moi... »

Elle suspend ses paroles, réalisant mon étrange mutisme.

« Oh oh, Frédéric... C'est moi, ta mère, on s'est déjà croisé à la maison, tu te souviens ?

– Ouiiiii... C'est toi qui as appelé juste avant ?

– Ah non, pourquoi ?

– Ben, ça a raccroché, je sais pas.

– Bô, c'est rien mon ange, une erreur sans doute... Oui, dis-moi, papa n'est pas encore là ?

– Non, il va pas tarder, je pense.

– Bon, il faudrait que tu ailles voir dans le placard de la chambre, tout en haut, il y a un grand livre de costumes d'époque, un vieux livre avec une couverture jaune, tu verras... J'en aurais besoin, si tu pouvais me l'amener la prochaine fois que tu viens à l'hôpital.

– Pas de problème, c'est payé combien ?

– Mille milliards de bisous.

– C'est correct.

– À la bonne heure... Tout va bien chez nous ?

– Hummm, moui.

– Bien, si ton père veut te faire son gratin d'oignons au vin blanc ou un clafoutis en béton, n'hésite pas à m'appeler tout de suite au secours hein ?... Allez, je t'embrasse fort mon grand, à bientôt. »

Je raccroche le cœur léger.

4

L'ANNONCE fait l'effet d'une bombe dont l'onde de choc secoue toutes les artères de Montmartre. On ne parle plus que de ça dans le quartier. Ça murmure, ça chuchote, ça « *Vous savez pas la nouvelle* ? » C'est officiel, roulement de tambour et coup de cymbales ! Samedi prochain, mon père, mon papa à moi, le roi des illusionnistes, l'empereur de la baguette, le prince de la formule, va pour la première fois, montrer son tour de magie inédit :

La malle volante des Indes.

Bonus en sus, le directeur d'un cirque suisse très célèbre tient personnellement à compter parmi les spectateurs de cette exclusivité. Je suis bien sûr invité et la perspective d'assister à cette grande soirée au *Chat perché* me rend la vie bien insipide en attendant.

Ma petite sœur n'a pas l'air pressé de montrer le bout de sa bouille et maman rage à l'idée de louper la *première* au cabaret.

De mon côté, je souffle sur les aiguilles des cadrans. Il faut réagir, ne pas rester les bras croisés à voir les journées passer sans que rien ne se passe. Je décide donc de relever un défi et me fixe la même échéance que mon père : apprendre *La malle volante des Indes* et être prêt moi aussi pour samedi prochain.

Papa m'a expliqué grosso modo le principe du numéro, il me manque les détails. Dès cet instant, je mets à profit tous mes moments de liberté pour travailler, travailler et encore travailler. J'organise tous les jours de la semaine avec la précision d'un papier à musique et, dans cette partition pour apprenti magicien, les seules fausses notes résonnent au collège où ma présence proche de l'absence me vaut un concert de sermons orchestré par mes professeurs incrédules.

Je remplace vite mes goûters par des « stages » au *Chat perché*. Après mes parenthèses scolaires, je fonce au cabaret. Là, je me niche dans un coin sombre de la salle pour me faire oublier et ouvre grand mes yeux. Je prends un maximum de notes dans mon fichier mental, de façon à répéter moi aussi dans ma cave tout en respectant au maximum le style propre de l'auteur.

Mercredi matin, lors de ma visite aux Quinze Grâces, je mets ma mère dans la confidence. Maman trouve l'idée excitante et décide même de m'aider.

« Tu dis rien à papa hein ? »

Ma mère ouvre grand la bouche en arrondissant ses beaux yeux.

« Tu m'insultes maintenant ?... Mais ça ne va pas dans ta tête de linotte... Évidemment que je ne dirai rien, tsst ! »

Elle abandonne ses dessins pour un temps, remue

tout l'hôpital pour trouver du matériel de couture et commence la confection d'un costume de magicien à ma taille.

L'après-midi, Cécile se libère pour plonger toute entière avec moi dans une méga répétition.

« J'ai pris un carnet à spirales pour noter les trucs qui clochent, me dit-elle en exhibant la chose.

– T'as pris de quoi écrire aussi ?

– Euh... »

À présent, les aiguilles des montres tournent folles dans des gerbes d'étincelles.

Jeudi, le prof de math a la bonne idée de tomber malade.

Je sors du collège beaucoup plus tôt et sprinte vers Montmartre.

J'arrive au *Chat perché* où personne ne m'attend de si bonne heure. Je passe en douceur dans l'obscurité de la salle pour me faufiler comme une souris jusqu'au coin vestiaire. Assis sur le côté de l'avant-scène, mon père et Maxime ne m'ont pas vu entrer.

« Mais attends, je comprends pas, tu les connais ces trois gugusses ? »

Mon père semble chauffé à blanc.

« Oui... Enfin non, je les ai déjà croisés, quoi. Olga m'a renseigné sur leurs comptes, ce sont des petites frappes qui jouent les gros bras, mais là, ils commencent à me prendre la tête... T'imagines : ils se sont mis dans l'idée de casser la Banque Centrale, en plein jour !

– L'agence sur le boulevard entre la *Lune Bleue* et le *Mikado* ?

– Tout juste, Auguste. Ils ont besoin de moi pour détourner l'attention, tu sais mon tour avec le miroir escamotable, les petits flashes et la fumée blanche... la magie au service des malfrats, on aura tout vu !

– Tu leur as dis quoi ?

– Quoi j' leur ai dit quoi ? »

Papa force la voix et regarde Maxime droit dans les yeux.

« Je leur ai dit d'aller s' faire griller les poils chez les martiens, oui. »

Un silence lourd de pensées relaie leurs paroles. Je me baisse d'un cran dans ma cachette et ne bouge plus d'un poil de terrien.

Mon père frappe nerveusement sur ses cuisses.

« Je... je t'ai parlé de la mise en vente de notre pavillon ?

– Ben oui, coup dur mon vieux.

– Bon, et bien ces trois braqueurs du dimanche ont appris eux aussi, ça circule vite dans l'quartier... Bref, ils savent que j'ai besoin d'argent et ils croient pouvoir m'appâter avec une grosse somme en récompense de mes services spéciaux... Je rêve ! »

Maxime fait tourner ses gros poings en souriant méchamment.

« Tu veux qu'on s'en charge Boris et moi ? Ça s'ra aussi facile que d'écraser trois cacahuètes...

– Nonnn, tu parles... J' suis un peu à cran à cause de samedi soir, mais tout ça c'est du pipeau... Avec le temps, ils vont se dégonfler. »

Mon père se lève d'un bond et claque dans ses mains comme pour expédier ses soucis. La répétition reprend ses droits.

« On y retourne ?

– Et comment !... Je règle les deux projecteurs rouges et ça roule. »

Maxime va déplier l'échelle double derrière la

toile de fond et mon père part chercher un accessoire dans les coulisses. J'en profite pour sortir du cabaret. Cinq minutes plus tard, je refais mon entrée à grand renfort de bruit comme si c'était la première fois. Des bonjours maquillés ordinaires m'accueillent, je réponds par un sourire ingénu... *Viva la commedia !*

La première du spectacle galope vers nous à une vitesse sidérale et le retour des trois fripouilles n'était pas prévu au programme... Voilà qu'on sollicite mon papa pour un hold-up maintenant, aïe, aïe, aïe, mes aïeux, quelle famille !

5

ET puis, la veille du grand soir arrive, jour « J » moins un, je suis zinzin. Vendredi me réveille avec son petit matin cotonneux et je ne me sens pas prêt, mais alors pas du tout. Gagner du temps, absolument.

Au creux de mon lit encore bien chaud, je tourne dans ma tête toutes les solutions possibles pour louper les cours aujourd'hui. Malheureusement, j'ai déjà usé toutes les ruses pour d'autres occasions. En désespoir de cause, je me rabats sur la traditionnelle maladie diplomatique, tentative risquée, car il faut se lever de bonne heure pour convaincre mon diable de père.

Je m'arme de courage et descends prendre mon petit déjeuner, la mine grise et la démarche incertaine. J'arrive avec une peine visible jusqu'à la cuisine.

Papa baisse la moitié de son journal et me fixe avec un air suspicieux.

« Ça va bonhomme ? »

J'évite de croiser le regard pointu de mon père.

« Bof... Mal à la tête, mal à la gorge, pas bien dormi, des brûlures au ventre... Sinon, ça peut aller.

– Ne me dis pas que tu as envie de louper les cours aujourd'hui, dit-il sur un ton curieusement amusé. »

J'inspire à fond et lève mes yeux les plus fatigués.

« Bennn... Ça s'rait p'têt plus sage, j' me demande si j'ai pas un peu de fièvre.

– Peut-être, mais... tu oublies un petit détail... »

Mes pupilles de malade intérimaire affichent des points d'interrogation.

« Aujourd'hui, c'est férié mon grand... Alors de toute façon, je doute qu'ils veuillent ouvrir le collège rien que pour toi. »

FÉRIÉ !!! D'un coup, tous les symptômes de la fièvre disparaissent de mon visage.

« Halalalala, Frédéric, va falloir réviser ton histoire de France... Les guerres, les armistices et tout l' tintouin. »

Il relève le journal devant son nez en réprimant un rire. Je me cache dans mon chocolat et bois ma honte.

Mon père s'absente une bonne partie de la matinée pour faire des courses de dernière nécessité à l'Amicale des Artistes.

Je file dans la cave retrouver mon matériel de fortune. Je n'ai qu'une vieille malle en bois fatiguée, un bout de tapis effiloché et des accessoires de seconde main, mais mon âme d'artiste brille comme neuve.

Je concentre mes efforts sur le *détournement d'attention*, élément essentiel pour réussir le *final* du numéro. Entre le soupirail et la chaudière, l'apprenti magicien brave les dernières résistances de *La malle volante des Indes*.

Les aiguilles flirtent sur midi et mon père doit repasser me prendre pour aller à l'hôpital voir maman.

Je commence à plier mon installation dans la cave quand j'entends le téléphone sonner juste au-dessus. Je grimpe quatre à quatre les douze marches du petit escalier et arrive comme une flèche pour décrocher.

« Allô oui... »

Immédiatement, je reconnais le silence malsain de l'appel anonyme. Je prends le ton de la plaisanterie pour exorciser le malaise naissant.

« Oui, j'entends bien... Hum, hum, je me mets à votre place, mais inutile de crier, je comprends le problème... »

L'autre muet à l'autre bout n'apprécie pas ma conversation en solo et raccroche brusquement. Wouff ! ça commence à devenir glauque.

DING-DONG ! Mon cœur fait un bond dans ma poitrine, on sonne à la porte. Je ne bouge plus dans le hall. Tétanisé par la peur, je sens l'ombre derrière la porte, elle frappe.

« HO HO ? Y A QUELQU'UN ?... HÉ HO ?... FRÉ-DÉ-RIC... »

Tango ! C'est la voix de Tango, mes muscles se relâchent.

« Oui oui, je... J'arrive... »

Son sourire moustachu me calme tout à fait. Les cheveux mouillés et peignés en arrière, Tango porte un sac de sport sur une épaule. Il me passe devant le nez et s'invite à l'intérieur.

« J'ai promis à ta mère d'aller la voir avec vous aujourd'hui... Ton père n'est pas là ?

– Non, mais il va revenir bientôt. »

Je ferme la porte d'entrée et le rejoins dans le salon. Tango se frotte les mains.

« Je sors de la piscine, ça réveille son homme... T'as pas un p'tit café à m'offrir en attendant ?

– Si, si, y en a du tout fait dans la machine, t'as plus qu'à réchauffer... Euh... Je dois finir de ranger des machins en bas...

– Mais vas-y mon grand, fais comme chez toi, je me débrouillerai. »

Je le laisse seul quelques minutes pour aller en bas ranger tout mon barda.

Un bon quart d'heure s'écoule. Mon père n'arrive pas.

À présent, Tango et moi l'attendons assis à la table ronde de la cuisine. Le dresseur sirote les dernières gorgées de son café.

« Alors, ça répète dur dans la famille ?

– Papa oui, à pleins tubes, moi c'est juste comme ça, en amateur.

– Bô ! bô ! bô ! Qu'est-ce que tu me chantes là ? T'as l'étoffe d'un grand, toi, ça se voit au premier coup d'œil. »

Comme je sens nettement le rouge me monter aux joues, je détourne la question sur lui.

« Et toi, tu travailles sur quoi en ce moment ? »

Son regard s'enflamme.

« Je bosse sur de nouveaux numéros, quelque chose d'unique, avec des animaux qu'on n'a pas l'habitude de voir sur scène... Par exemple : j'aligne des crapauds, une dizaine environ, sur une planche, et, avec un sifflet à ultrasons, je les fais chanter... Tu sais, c'est drôle, les crapauds font presque un accord parfait... Et à chaque coup de sifflet, ils changent de tonalité... Tu vois le tableau ? »

Je suis subjugué, un peu dégoûté mais subjugué quand même.

Tango se rend compte de mon intérêt et glousse.

« Hé ! hé ! Je vais révolutionner le genre... J'ai une autre idée sensationnelle avec des rats aussi... »

Et mon père arrive.

À l'hôpital, ma mère s'est remise à dessiner avec plaisir. Ma petite sœur farouche a sonné l'alerte la nuit passée et puis non, le monde du dehors doit patienter encore un peu pour la venue de la star. La proximité de l'accouchement remplit ma mère de bonheur, elle nous accueille dans un éclat de rire. Papa, Tango et moi, restons en face du lit, hébétés par tant de bonne humeur...

Ahhh, la voix de maman :

« Hummm, mes trois hommes préférés, venez me couvrir de baisers. »

Elle veut tout savoir. Comment se déroulent les répétitions ? Pourquoi Tango a-t-il arrêté ses anciens numéros ? Est-ce que j'ai bien travaillé au collège ce matin ?

« Mais maman, aujourd'hui c'est férié ! Halalalala, va falloir réviser ton histoire de France, les guerres, les artifices et tout l' tintin.

– Les armistices et tout l' tintouin, fils d'imbécile ! » rigole mon père.

Le ton devient plus grave quand mes parents évoquent la question d'argent concernant l'achat du pavillon. Mon père a fait les comptes. Il donne le feuillet rempli de colonnes de chiffres à ma mère qui met ses lunettes et inspecte les résultats. Tout à coup, ses sourcils dessinent des accents circonflexes.

« Tango ! Tu vas nous prêter tout ça ?

– Mais c'est rien, des petites économies c'est tout, moi dans mon meublé avec mes animaux, j'ai pas de frais, le vrai luxe il est là-dedans, dit-il en pointant un doigt sur sa tête.

– Essaye donc de lui faire changer d'avis, intervient papa, tu connais l'animal : autant vouloir faire prendre une douche à un putois. »

Elle replie le papier en plissant tous les traits de son visage.

« On est quand même loin du compte les enfants... Bon, si je comprends bien, il ne nous reste plus qu'à faire un hold-up... »

Personne ne rigole à la blague.

« Ohhh, je plaisante les garçons, allez vous acheter un paquet d'humour à l'épicerie en face et revenez me voir. »

Elle passe à autre chose. Elle attrape un paquet

enrubanné sur la table de chevet et me le tend en imitant la sonnerie d'une trompette.

« Tiens mon Frédo, ton super costume de *Magique Frédéric*, tu l'essayeras à la maison. »

Je lui saute au cou. Mon père jette un œil sur sa montre et toussote.

« Bon ma douce, je dois filer répéter au cabaret, c'est ma *dernière* avant la *première*.

– Allez ouste !... Je veux pas te voir demain, tu seras trop tendu, téléphone-moi après, juste pour me dire. »

Avant de lui faire un *smack*, ma mère prend la main de mon père et la serre très fort.

« Et t'en fais pas mon amour, je serai quelque part sur scène, avec toi. »

Tango laisse passer une compagnie d'anges... Puis complimente une dernière fois ma mère pour ses dessins avant de l'embrasser à son tour.

Je profite de l'ambiance favorable pour tenter ma chance.

« Je peux assister à toute la répèt' pa ? Je dirais rien, promis...

– Comme tu veux, si ça t'amuse de rester enfermé.

– C'est pas ça mais... j'aime bien être au cabaret, même dans la journée.

– Ah ça, je peux comprendre... L'atmosphère, hein ? »

J'ai donc tout mon temps pour regarder mon père travailler.

Avec mon paquet cadeau sous le bras, je me retrouve au cabaret et ne pipe mot. Dans cette dernière ligne droite, l'humeur de l'artiste ressemble à un détonateur. Sur scène, mon père termine l'installation de son ultime répétition. En l'absence de maman, il a demandé à Tango de bien vouloir rester et jouer l'œil critique. Assis au milieu de la salle, notre ami vante sa nouvelle conception du dressage à Maxime qui n'a pas l'air convaincu. Le ton monte...

« OH ! OHH ! leur crie papa, on s'entend plus penser là... Tsss... Comment voulez-vous que j'me concentre, moi ?... Le bureau des engueulades est fermé jusqu'à lundi, O.K. ? »

Les deux hochent des têtes piteuses comme des gosses pris en flagrant délit de bêtises. Les esprits se calmement et la répétition commence. Tapi dans l'obscurité du vestiaire, je ne perds pas une miette du dernier « *filage* ».

Mon père enchaîne les effets et peaufine ses déplacements en s'arrêtant régulièrement pour poser des marques fluos un peu partout sur la scène. Maxime l'aide dans le choix des éclairages, Tango prend des notes sur un petit carnet à spirales, décidément...

Je vais, ce jour-là, enregistrer visuellement toute la mise en scène lumière, particulièrement importante pour ce numéro.

Quelques heures d'attention plus tard, je me lève sans faire de bruit.

« Frédéric ?... Tu te sauves déjà ? »

Je me retourne en écartant les bras.

« Mais il est presque sept heures 'Pa.

– Ouyouyouille, ça file, ça file... Et moi qui voulais te faire un bon gratin d'oignons au vin blanc ce soir... Avec un clafoutis aussi. »

Les oreilles de maman doivent siffler très fort. Hypocrite, je montre une moue désolée. Il baisse le menton sur sa poitrine et tripote sa lèvre inférieure avec ses doigts.

« Bon... Passe chez le traiteur italien au début de la rue et achète deux bonnes portions de lasagnes et deux tartes au citron, je viendrai nous réchauffer ça dans une petite heure, dacodak ?

– O.K. doc... Salut l'artiste.

– Salut l'arsouille. »

En sortant de la boutique, je regarde encore une fois l'enseigne : *SPECIALITES I ALIENNES*. Aussi loin que je me souvienne, je n'ai jamais vu la lettre « *T* », qu'importe, depuis le temps, je me suis habitué aux *ALIENNES*.

Je reprends ma marche dans la rue des Mille Dames avec à la main, ma grande barquette de lasagnes et les tartes. Soudain, j'ai des picotements dans la nuque. Je m'immobilise sur le trottoir, hummm... J'ai la certitude qu'on me suit. J'ai lu ça dans un livre : les picotements et tout et tout. Je me retourne en un éclair... Non, rien de rien, l'enfilade de la rue tranquille, l'ambiance habituelle du quartier.

J'attribue mon trouble physique passager à la nervosité et continue à m'enfoncer vers les Batignolles. À la hauteur de l'épicerie arabe, un flash de lucidité m'arrête une nouvelle fois. La cause de mes picotements ? Comme une andouille, j'ai oublié mon costume de magicien au vestiaire du *Chat perché*.

Je vois déjà l'ouverture du passage des Trois ours à cinquante mètres à peine. Je me dépêche pour arriver au plus vite chez nous et passer un coup de fil à mon père avant qu'il ne quitte le cabaret.

Je referme le frigo et sors de la cuisine en sifflant. Dans le hall d'entrée, je m'apprête à téléphoner à mon père quand j'entends des bruits derrière la porte. D'abord des grattements sur le bois, puis des chuchotements...

« On va lui donner une leçon à ce nul... Va s'en souvenir... »

À présent, un bout de ferraille triture la serrure. Mes doigts se crispent sur le combiné. Le numéro du cabaret, celui de la police... Je ne me souviens plus de rien, mes idées s'entrecroisent pour former une véritable pelote de nœuds.

Je lâche le téléphone et me précipite à la fenêtre

du salon. En biais, je peux voir dehors les trois fripouilles en train de maltraiter la porte. Le chauve me repère, il soulève ses lunettes noires et me donne un sourire édenté. Je baisse le rideau, mais les trois ombres s'approchent déjà du carreau. Je recule sans quitter la fenêtre des yeux. Dehors, leurs voix fortes tonnent.

« J' te jure, Ducon, y a le gosse, je viens de l' voir.

– Hé ben ! Y a pas d' lézards ! C'est encore mieux.

– T'as raison, on va lui causer au mouflet... HÉ ! LE MÔME ! OUVRE LA PORTE... C'EST POUR UN SONDAGE. »

Leurs rires gras me filent la chair de poule. Sans réfléchir plus longtemps, je détale comme un fou vers l'étage. Je file directement au placard dans la chambre des parents et je m'enferme en coupant tout, la lumière, ma respiration, ma taille, mes idées... Non, non, c'est idiot comme planque et en plus, je suis impuissant là-dedans, cintré, prisonnier, livré, y a plus qu'à emballer. J'ouvre, me déplie pour sortir et respire un grand coup pour ne pas céder à la panique.

« J' TE PREVIENS LE MORVEUX, ON VA TOUT CASSER ! »

Mon cauchemar s'étire...

La panique tourne au vertige. J'essaye d'y voir clair, de garder mon sang froid... Raté ! Je redescends en tremblant. Les malfrats se sont remis à l'ouvrage sur la porte, la crochetant de plus en plus violemment.

Je m'élance vers les toilettes, là, j'ouvre en grand le vasistas. Je n'ai jamais utilisé cette issue, mais l'idée me chatouille depuis des lustres, je vais enfin savoir si c'est possible. Je monte sur la lunette et me hisse à travers l'ouverture... Mon corps passe tout juste. Je force, me contorsionne et arrive finalement à m'extraire du rectangle pour fuir à l'extérieur.

En étouffant un cri, j'atterris les quatre fers en l'air sur l'herbe sauvage du jardin. Cette fois, c'est le grand maigre avec ses yeux de poisson qui me voit le premier. J'oublie ma douleur et me relève comme un ressort pour courir le long du mur en pierre.

« Là-bas ! le môme se tire par le jardin... »

Leur cavalcade derrière me donne des ailes. J'atteins la partie grillagée tout au bout en un temps record. J'escalade sans problème et saute de l'autre côté sur les poubelles de l'immeuble voisin. Je tourne la tête pour apercevoir le trio débouler vers le grillage. Je reprends ma course droit devant en visant la porte de service heureusement ouverte.

« ARRETE-TOI PIGNOUF, ON VEUT JUSTE TE PARLER... ROHHH... »

Je m'engouffre sans répondre dans le couloir menant à la grande porte vitrée. J'avale les quelques mètres qui me séparent du hall intérieur avec les interphones.

Un gros Chinois sans âge arrive dans l'autre sens, les bras chargés de sacs en plastique remplis à ras bord. Il me sourit de l'autre côté de la cloison en verre et me fait signe de la tête de bien vouloir appuyer sur le bouton clignotant incrusté à gauche dans le mur.

Je m'exécute sans tarder et la porte vitrée claque avant de s'ouvrir. Je veux fondre sur la sortie, mais l'autre gros avec sa tonne de provisions me bloque le passage. Il se passe alors quelque chose d'insolite.

Le Chinois doit lire dans mes yeux l'océan de panique qui me submerge car il monte son regard au-dessus de mes épaules et glace son visage.

Les trois frappes arrivent en râlant. Le gros bonhomme pose tous ses sacs avec un calme imposant et m'écarte avec douceur. Avec des gestes lents et précis, il se met dans une position étrange, très animale : les jambes à peine fléchies, bien en appui sur le sol, et les bras légèrement écartés, relevés à la hauteur de la poitrine comme des ailes.

Les trois fripouilles freinent instantanément à la vue du Chinois. Je peux voir leurs frimousses rigolardes se décomposer. Pourtant, l'autre ne bouge plus d'un souffle, ses yeux fixes les fusillent et sa voix singulière amplifie un grognement continu dans sa gorge.

Je reste collé dans le dos de mon curieux sauveur, penchant juste un peu la tête pour voir le tableau. Mes poursuivants n'en mènent pas large. Le moustachu sonne la débandade avec un rictus nerveux au coin de la bouche.

« Bon, bon, ça va, d'accord d'accord...

– On voulait juste rigoler », miaule le chauve.

Le troisième larron tire ses compères vers l'arrière.

« Allez venez les gars, on s'arrache, ça craint là... »

Les trois baudruches se dégonflent à vue d'œil... Ils rebroussent chemin en maugréant du bout des lèvres.

Le gros Chinois attend que leurs silhouettes minables disparaissent au bout du couloir en direction des poubelles et se remet en position plus humaine en rejetant tout l'air comme un sifflet de sa bouche.

« Toi les connais ? demande-t-il d'une voix chantante.

– Euh... Oui, c'est des « gugusses » qui traînent dans le quartier, ils s'amusent à foutre la trouille aux gens.

– Ça être des gugusses en papier... Un regard... suffisant pour les froisser. »

Il se penche plus vers moi et me dévisage avec acuité.

« Toi être le jeune voisin fils du magicien ?

– Oui, m'sieur.

– Pourquoi toi et tes parents jamais venir dans mon restaurant ? C'est très bonne cuisine chez nous.

– Ah ouais ? C'est lequel votre restaurant ?

– Le Palace de Jade, c'est le nom.

– Celui avec les deux boules rouges marquées dessus à l'entrée ?

– Oh ! oui... Des boules en papier aussi, comme celles des trois gugusses ! »

Il relève la tête et part d'un rire très aigu qui me fait craquer à mon tour. Nos éclats se mêlent. Le rire libère ma peur qui s'envole pour s'évanouir définitivement dans cette entrée d'immeuble.

Je remercie le drôle de restaurateur et ressors dans la rue des Mille Dames. La démarche un tantinet flageolante, je vais reprendre le passage… Je tombe sur Cécile.

« T'es tout pâle… Qu'est-ce qui t' barbouille ? Tu viens de lire ton carnet de notes ?

– Mais nonnn, pfff, j'ai cavalé depuis le cabaret c'est tout, on va pas en faire une choucroute.

– Holala, comme monsieur voudra… »

Pas fâchée pour deux sous, elle me demande de l'accompagner chez le boulanger. J'accepte et bien m'en prend. Un croûton de baguette, deux carambars et un malabar plus tard, mon ventre a digéré sa boule d'angoisse et mon cœur s'est remis au point mort.

De retour chez moi, pas question de repasser en sens inverse par le vasistas des toilettes, je suis donc enfermé dehors.

À son arrivée, mon père me trouve dans le jardin. Pour ne pas l'inquiéter, je lui raconte un bobard en me servant de Cécile. La préparation de mon père peut se passer d'une irritation de dernière minute. Quand je lui demande pour mon costume oublié au vestiaire, il me promet de téléphoner à Olga tout à l'heure pour qu'elle le mette de côté.

Pendant notre repas, « entre hommes », bien au chaud devant nos assiettes de lasagnes fumantes, papa se montre particulièrement loquace. Il trempe ses mots dans la poésie et me parle avec passion de la magie... De maman... Et de ma future petite sœur... Et même de moi, si si.

« Le jour de ta naissance... En fait, tu es né le soir, toi... Le soir de ta naissance donc, l'hôpital a téléphoné au cabaret pour me prévenir. J'étais en pleine représentation. Maxime me faisait des grands signes sur le côté, on aurait dit un gros piaf qui n'arrivait pas à s'envoler. Tu parles, j'ai tout de suite compris. Immédiatement, j'ai arrêté mon numéro pour expliquer au public la situation et BING ! en un éclair, j'avais disparu. Ils ont attendu, attendu en pensant que ça faisait partie du spectacle... Le coup du magicien qui disparaît, on ne leur avait jamais fait ! »

Le soir venu dans mon lit, après un dernier regard sur la mouette à pois là-haut, j'éteins la voiture de pompiers et je repense à mon addition d'émotions fortes. Comment trouver le sommeil réparateur ? Cette dernière question est un trait d'union aux songes les plus fous et mes paupières se ferment sur les ombres de ma chambre...

La nuit veille sur notre famille avec l'œil unique de sa lune toute ronde.

6

ET c'est le matin du grand soir. Le père et le fils se réveillent dans un état ! État de crise, crise de nerfs. Plus le compte à rebours avance, plus le trac envahit notre pavillon, comme un brouillard de pensées parasites. Nos gestes battent des records de maladresse, nos paroles sonnent faux et nos silences sont insupportables. Sans parler de la musique discordante de nos ventres : un concerto pour gargouillis !

Le temps pour une fois nous donne un coup de pouce salutaire. Il accélère le film de notre vie en gommant les heures dérisoires. Ainsi, le jour file à l'essentiel et fait sa révérence au soir.

Un peu moins de deux heures nous séparent de l'ouverture des rideaux sur la scène du *Chat perché* quand papa et moi mettons le nez dehors. Mon père ferme la porte du pavillon en chantonnant. Il cache son trac sous une apparente décontraction, mais je sais, il sait que je sais, je sais qu'il sait que je sais.

Il s'étonne de forcer pour donner un tour de clef dans la serrure, je me mords l'intérieur de la bouche. Mais il passe vite à autre chose et se tourne vers moi en tendant son bras droit en l'air. Il referme la main sur le jeu de clefs, souffle dessus et la rouvre lentement pour bien montrer qu'il n'y a plus rien dedans. Il garde la pose et lève juste un sourcil.

« Où ça d'après toi ? »

J'hésite et décompose mentalement chacun des gestes qu'il vient de faire... .

« Mmmm... poche droite du blouson. »

Il met la main dans la poche gauche de son pantalon et ressort le trousseau avec un rire triomphant.

« J'ai bien failli changer de côté au dernier moment et puis j'ai lu dans tes yeux... Mon fils, tu es encore un livre ouvert, il va falloir t'entraîner à tourner les pages plus vite si tu veux brouiller les pistes. »

Devant nous, le passage des Trois Ours est déjà baigné par des lueurs qui n'appartiennent qu'à la nuit. Sur les façades constellées des immeubles, les balcons se découpent en ombres biscornues.

Rue des Mille Dames, j'arrête mon père devant les deux boules rouges qui servent d'enseigne au Palace de Jade.

« Dis papa, on ira dans ce restaurant un jour ?

– Je croyais que tu n'aimais pas la cuisine chinoise, c'est nouveau ça.

– Ben en fait, je connais pas trop, j'aimerais essayer, quoi... Il paraît qu'il est top celui-là.

– Aaalors là, s'il est « top », faudra pas hésiter... En plus, ta mère adore ça. »

Place Clichy, Il me raconte une histoire drôle qui dure jusqu'au boulevard.

« C'est un pingouin qui a rendez-vous avec sa copine, une *pingouine*... Tu la connais ?

– Qui, la *pingouine* ?

– Mais non, l'histoire.

– Ah non, non, non vas-y... Alors ?

– Alors il est là notre pingouin sur une banquise

en train de poireauter et il fait très froid, bien sûr, et sa *pingouine* n'arrive pas, bon... L'autre il reste là à se geler le bec, ça commence à faire long... Au bout d'un moment, comme il caille de plus en plus sur cette banquise et que sa copine ne se pointe toujours pas, le pingouin sort un thermomètre en râlant et dit : *Bon, y en a marre maintenant, si à moins vingt elle n'est pas là, je me casse !* »

Je reste la bouche entrouverte... Papa me tape dans le dos.

« Elle est bonne hein ? C'est Tango qui me l'a racontée. »

L'impasse des Deux Ânes nous attend, elle n'est pas la seule. Adossés à la porte rouge métallique, les trois fripouilles bloquent l'entrée des coulisses du cabaret. Le festival de vannes commence.

« Tiens, voilà les vedettes !

– Mais non les vedettes viennent en Rolls-Royce.

– Ahhh, les temps sont durs... À propos le père la magie, t'as réfléchis à notre proposition ? »

Mon père les regarde avec mépris.

« Le jour où les andouilles vont faire les Jeux Olympiques, vous avez pas fini d'être en sueur les gars. »

Les sourires niais s'effacent. Le chauve se détache du groupe pour s'approcher de nous.

« Bon, on a assez ri maintenant... »

Mon père flaire le danger et serre les poings, prêt à se défendre.

« ALLEZ-VOUS EN ! » hurle ma voix à mon grand étonnement.

Les deux autres décollent à leur tour de la porte pour venir nous encadrer.

« Dans la famille Dugland, je demande le fils », rigole le moustachu.

Celui avec les yeux de poisson me montre du doigt.

« Hé marmot, qu'est-ce t'as foutu de ton gros Chinetoque ? Hé ! mais j'y pense, ton pater i fait p'têt du karaté lui aussi ? »

Papa fronce ses sourcils et me toise.

« C'est quoi cette histoire, Frédéric ? »

La pétoche me pétrifie, je n'arrive pas à lui répondre.

« Mais c'est vrai, fait le chauve, on t'a pas vu toi

hier, c'est ça la vie d'artiste, pas souvent à la maison hein, c'est con ! »

Mon père crispe ses mâchoires, le sang bat dans ses tempes.

« Bande de salauds, vous avez osé... »

Il ne termine pas sa phrase, son bras droit part en crochet et frappe le chauve au menton. Le loulou fait presqu'un tour sur lui-même avant d'aller cogner le mur. Mais déjà, le moustachu attrape mon père par derrière, lui tenant fermement les bras. Son autre copain envoie une manchette dans le plexus de mon père qui se plie dans un cri avant de suffoquer. Le moustachu lâche sa prise derrière pour plonger son coude de toute ses forces dans le dos de mon papa déjà mal en point.

Fou de rage, je saute en grognant sur le plus proche de moi pour le marteler de coups de poings dans les côtes, mais il m'envoie valser comme un vulgaire sac de linge. Quand je me relève, j'aperçois mon père un peu plus loin qui tombe à terre, sa tête vient heurter le rebord du caniveau. Le chauve, de nouveau dans la bagarre, commence à lui balancer des coups de pieds à l'aveuglette, les deux autres frappes l'imitent encore plus fort.

Je crie à m'en déchirer les cordes vocales. La porte rouge de l'entrée des artistes s'ouvre. Alertée par le bruit, Mimie fait son apparition en tenue légère. La danseuse bègue voit mon père en mauvaise posture, écarquille les yeux et se tourne paniquée vers le couloir des coulisses.

« AU... AU... AU SEU... SEU SEU... »

Elle n'a pas le temps de finir, deux montagnes lui passent sous le nez. Les deux bourrasques s'appellent Boris et Maxime. À partir de cet instant, tout va très vite.

D'abord Maxime s'occupe du grand moustachu et, rien qu'avec ses pieds, lui fauche les jambes, l'expédie au sol et lui colle un coup de savate dans la gorge. Le moustachu s'étouffe, devient rouge, il est cuit.

Boris, de son côté, a pris une fripouille dans chaque bras et entrechoque leurs têtes comme on applaudit au théâtre. Ça fait un drôle de bruit, *Ponk* ! Le duo lâche une sorte de *HONFF*, titube sur place en danseuses ridicules et s'écroule, sonné sur le carreau.

Tango déboule à son tour dans l'impasse. Comme les deux autres balaises du cabaret ont la situation bien en main, il va s'occuper de mon père resté à terre.

En deux éclairs et trois coups de foudre, le trio a largement son compte de gnons. Maxime regarde les trois corps lessivés sur le trottoir.

« Qu'est-ce qu'on va faire de ces tocards ? On prévient la police ?

– Non, fait Boris en lui décochant un clin d'œil, on va pas perdre not' temps, on les coule dans le béton et on les balance à la Seine... »

Les trois fripouilles bien amochées retrouvent subitement leurs esprits, se relèvent comme des ressorts et amorcent une fuite désordonnée. Terrorisés, ils claudiquent aussi vite que possible vers la rue.

Maxime réprime un fou rire. Il met ses deux mains autour de sa bouche et leur gueule dessus.

« HÉ ! LES TROIS CLOCHES !... Si jamais je vous revois traîner dans l' quartier vous s'rez jamais assez morts, compris ? »

Tango et Mimie essayent d'aider mon père à se relever. Mais il s'affale au pied du mur en grimaçant, le visage tuméfié. Tout le monde se regroupe autour de lui. La lèvre fendue, une belle entaille près de l'arcade sourcilière gauche et le reste du corps comme une immense brûlure, mon père lève sur nous des petits yeux d'homme blessé.

« Ça va papa ? je demande bêtement mais sincèrement.

– Ohhh, j'ai le dos en compote... Ahhh ! et j'ai l'impression qu'un troupeau d'éléphants cavale dans mon pauvre crâne. »

Il veut se redresser mais la douleur l'en empêche.

« Vache ! dit-il en se tenant le bras droit, je crois que mon bras est pété.

– Faudrait t'emmener faire une radio mon pote, conseille Boris.

– Et son spectacle ? risque Maxime, le directeur du cirque est là et y a même l'animateur de télévision, Machin là, tu sais, celui qui fait des émissions sur la magie...

– Là, mes amis, c'est plus de la magie qu'il me faudrait, c'est un miracle. »

Un filet de sang coule du coin de sa bouche. Mon père sort un mouchoir en geignant.

« Pfff... J'étais si prêt du but... Noooonn. »

Et là, pour la première fois de ma vie, je le vois pleurer. Il plonge son visage meurtri dans le mouchoir et éclate en sanglots. Tout en moi se tord, je saigne à l'intérieur. Nous restons tous là autour, interdits et tristes aussi.

Au bout d'un moment, lourd comme une vie sans passion, Maxime se met à arpenter nerveusement le pavé en pestant tout bas. Puis il se retourne vers mon père complètement sonné sur le trottoir.

« Bon », soupire-t-il en sortant un téléphone portable de sa poche.

Il appelle le Samu, explique les faits et demande une ambulance.

La consternation se lit sur nos visages.

« C'est trop con ! » crache Tango en tapant sur la porte rouge.

Papa me cherche du regard. Il puise dans ses ultimes ressources et m'offre un sourire trempé sur un masque de détresse.

Ça bouillonne dans ma tête, j'ai mis du temps pour accuser le coup, mais à présent, la colère se réveille. Je m'efforce de faire le tri dans le flot continu des émotions qui m'assaillent. Et puis tout à coup, c'est une idée folle et à la fois évidente.

Je viens m'accroupir près de mon père.

« Écoute papa... Je... Voilà, tu sais : j'ai appris ton numéro, ça fait bientôt une semaine que je travaille

moi aussi dans la cave. Et puis j'ai tout noté pendant tes répétitions au cabaret, je connais *La malle volante des Indes* sur le bout des doigts, du début à la fin, j'ai même...

– Te fatigue pas Frédéric, je suis au courant, va... »

En maintenant son bras contre son flan, il se tourne vers Maxime.

« Y a du monde ce soir ?

– C'est archibourré, tu rigoles... »

Personne ne parle pendant quelques secondes. Mon père se concentre sur un point fixe devant lui, une étrange lueur s'allume dans ses pupilles.

« Et puis quoi, qu'est-ce qu'on a à perdre hein ? »

Tout le monde retient sa respiration. Mon père hoche la tête.

« Allez Frédéric, en piste ! C'est à ton tour de représenter la famille... Je sais depuis longtemps que j'ai un fils magicien, va falloir l'apprendre aux autres maintenant... Hé ! vous ? »

Il s'adresse aux autres.

« Je vous le confie, donnez-lui la force d'y arriver.

– Compte sur nous, lance Maxime avec un sourire éclatant, on va te le gonfler à bloc l'artiste. »

Une sirène d'ambulance hurle dans la nuit, elle

s'approche. Bientôt, son gyrophare balaye l'impasse.

Papa fait signe de me pencher encore plus près, je me baisse. Et il me murmure à l'oreille...

Ainsi, mon père m'a donné la clef pour réussir parfaitement son tour de magie, l'astuce indispensable pour réaliser l'incroyable illusion d'optique et faire disparaître la fameuse malle en un quart de seconde devant des spectateurs ébahis. Mais plus encore qu'une révélation technique, il m'a donné sa confiance.

Avant de dire ouf, je me retrouve dans la loge de papa transformée en ruche pour l'occasion. Tous les amis de mon père défilent pour m'aider, me conseiller, m'encourager.

D'abord, Olga passe m'embrasser et m'apporter mon costume oublié au vestiaire la veille. Maman a fait une merveille de fantaisie sans trop forcer sur les paillettes. Je l'enfile sans plus attendre avec une émotion particulière et me sens tout de suite plus aérien, plus libre.

Mimie me maquille avec amour. J'ai l'air plus âgé, plus mystérieux, mes yeux sont immenses.

Tango m'explique comment faire semblant de regarder chaque spectateur avec netteté alors que je n'aurai en face de moi qu'un grand halo tout noir.

Maxime me détaille la *conduite*, tous les effets d'éclairage du numéro. Les marques fluos qui pointillent la scène correspondent toutes à une lumière précise, il me les enfonce dans le crâne.

Je refais le numéro plusieurs fois dans ma tête, mais il me manque la touche finale et incontournable du public. Je me lève pour aller l'affronter.

Le couloir étroit des coulisses, l'odeur du vieux bois, le gros tuyau vert du plafond : un parcours emprunté une centaine de fois par mon père. D'abord lointain, le bruit du public augmente à la vitesse de mes pas. Mille pensées fusent dans ma tête déjà encombrée. Je me racle la gorge avant d'arriver sur le plateau.

Maxime pose les accessoires à leur place définie et revient me donner des ultimes conseils. Je ne l'écoute plus. J'amorce déjà le décollage. Il pose ses grosses mains chaudes sur mes épaules et me fixe avec des yeux fiévreux.

« Ça va être à toi de jouer mon grand... Allez, je file dans la salle. »

Il descend par l'escalier de côté et se retourne une dernière fois.

« Hé ! Frédéric... MERDE ! »

Seul ! Derrière le rideau, je sens la chaleur des gens rassemblés. Le piano de Jérémy couvre difficilement le brouhaha stimulant et inquiétant des spectateurs. Le cabaret est plein à craquer. Dans la pénombre, plus loin derrière, la malle étoilée sur son tapis oriental n'attend que moi. J'avance jusqu'au milieu de l'espace scénique, devant la première marque fluo sur le sol. Je sens mon cœur battre partout dans mon corps. C'est pire qu'une interrogation surprise au collège ; la note promet d'être salée si je ne me calme pas.

Je me souviens d'une phrase de mon père :

« Plus la salle est pleine, et plus toi, tu fais le vide. »

Respirer... Doucement... Profondément... Je frotte mes mains moites, les secoue pour décharger l'adrénaline et fais quelques mouvements d'échauffements.

De l'autre côté de ma planète, le piano s'arrête, le murmure stoppe d'un seul coup. Maxime monte devant les rideaux pour présenter la soirée et expliquer le changement d'artiste. Sa voix au micro m'arrive distordue. Immobile, je baigne dans une bulle, ma bulle. Il termine son blabla sur le mode *tel père, tel fils,* lance une vanne qui décontracte l'ambiance et s'éclipse. L'éclairage baisse dans la salle, je respire profondément... NOIR !

Les rideaux s'ouvrent et les projecteurs éclaboussent la scène. J'accuse les mille watts comme une lumière naturelle et commence mon numéro.

Oubliés les quelques petits ratés du début, j'aborde le *final* avec l'aisance d'un vrai pro.

Je jette le dernier foulard dans la malle et referme le couvercle étoilé sur tous les objets collectés. L'éclairage devient plus secret. Je pose les mains écartées sur le devant et me concentre encore plus...

Le tapis oriental se soulève doucement dans l'air emportant la malle. Je peux sentir la salle frémir. J'accompagne la lévitation avec des gestes ondulants.

La malle s'élève ainsi jusqu'à deux mètres du sol. Là, les flashes aveuglent le public l'espace d'une seconde, je retire le tapis vers moi d'un coup sec : la malle a disparu !

J'ai réussi. L'éclairage redevient plus fort et m'habille de couleurs vives. Je balaie l'air en faisant tournoyer le tapis au-dessus de moi et, dans un dernier effet, le fait s'enrouler autour de mon corps... Je me fige. Le tour est terminé, le noir est instantané.

Je vis la seconde qui suit comme un effet surnaturel, un silence imprévu dans ma partition. Puis, les rideaux se referment et la reprise de Jérémy au piano est accompagnée par les ovations du public. Je serre les poings en poussant un cri libérateur.

Maxime déboule sur le plateau et me saute dessus.

« Tu les a eus, tu les a eus ! Écoute-les... »

Il s'écarte en bondissant et les rideaux se rouvrent. Comme un extraterrestre, j'avance sur l'avant-scène sous les projecteurs qui dansent. Les bravos déferlent par vagues. Je salue et me plonge sans réserve dans ce bain de foule chaleureux.

L'impression d'avoir tenu à peine cinq minutes en scène...

Le retour dans la loge sur un nuage... La fierté d'avoir gagné mon pari... Mon visage fou de bonheur dans la glace... Papa et maman sont là, présents par leur absence, mais je les sens, tout près, ils me sourient... Le défilé qui recommence, les compliments, les commentaires, les blagues de circonstance...

F

7

Finalement, papa n'a rien eu de grave. Un peu de « haute couture » et de « sculpture » à la mode des urgences pour son arcade et son bras, hop ! il était sur pied. Mon père a pu signer avec le cirque pour une tournée internationale, cet été, et l'animateur de télé très connu, Machin-chose là, lui a demandé d'assurer une rubrique hebdomadaire dans son émission sur la magie.

Maman a accouché et rendu ses dessins qui ont beaucoup plu. La maison d'édition a passé aussitôt une autre commande pour illustrer un livre de science-fiction, une histoire bizarre, un peu trop à mon avis : l'odyssée d'un équipage de sept navigateurs du futur. Leur vaisseau spatial va tellement loin dans l'avenir qu'il se retrouve dans le passé pour finalement atterrir au présent... Un truc comme ça !

Mes parents sont parvenus à aligner assez de garanties financières pour obtenir un prêt bancaire et « notre » pavillon est devenu à nous, pour de bon.

Ah oui, j'allais oublier : hier, j'ai lu dans le journal un fait divers croustillant. Trois malfrats se sont fait arrêter en essayant de piquer des masques de carnaval dans une boutique de farces et attrapes. Bravo les pros ! Les imbéciles ont même avoué à la police qu'ils voulaient s'en servir pour faire un hold-up.

Le soleil éclaire la moitié du jardin. Assise en face de moi à la table en ferraille, Cécile termine son verre de chocolat froid.

D'un regard en coin vers la partie ombragée, je surveille le berceau où Lola, ma petite sœur, nous observe avec gourmandise du haut de ses cinq mois. La vie, c'est encore ce qu'il y a de plus magique. J'en suis gaga de Lola, elle est trop... trop... trop tout, quoi. De ses petites mains pleines d'énergie, elle tripote la petite ombrelle en paille ramenée du restaurant chinois.

Cécile reste perplexe un instant et reprend la conversation.

« Mais pourquoi tu veux pas me dire comment ça marche ? Je croyais qu'on n'avait pas de secret ?

– Hummm, moui, mais... là, c'est pas personnel, c'est professionnel, tu comprends ? Les tours de magie, si on dit tout, ça devient des recettes de cuisine.

– Hooo, dis-moi juste comment la malle disparaît... Allez !

– Bon, d'accord : *comment la malle disparaît !* »

Je soutiens le regard de Cécile avec le plus de sérieux possible, m'empêchant d'exploser de rire. Elle me répond dans un ricanement forcé en forme de grimace.

« Wouaf ! wouaf ! wouaf ! très drôle... Top l'humour ! »

Et voilà Lola qui se marre toute seule dans son coin comme si, elle, comprenait et appréciait la plaisanterie.

Je me lève pour aller la voir dans son berceau. Cécile me rejoint. Son petit rire saccadé nous stupéfait. Mais tout à coup, quelque chose d'autre me turlupine : je ne vois plus la petite ombrelle chinoise dans ses mains. L'inquiétude grignote mon humeur. J'en fais part à Cécile qui m'aide à chercher tout autour. Sur les bords de la couche... Sous son oreiller... Sur l'herbe à côté du berceau... Dans sa bouche... Sous son bonnet... Non rien, aucune trace.

Je regarde une dernière fois ma petite sœur qui me regarde la regarder avec intérêt.

« Ben, je comprends pas, elle l'avait y a deux secondes... Elle a pas pu la faire disparaître quand même ! »

Lola sourit, elle agite ses petites mains et ses yeux malicieux nous fixent bizarrement...

Du même auteur

Albin Michel

- *Scenario*

Fleuve Noir

- *Trac*
- *Dingue du Swing*

Syros

- *Panique au cirque*
- *Je suis un ennemi*
- *Heureusement que je suis mort*

Imprimé par Vincenzo Bona - Torino (Italie)
N° d'Éditeur : 97 / 296 Dépôt légal : octobre 1997